Nossa Terra

Como os Jovens Estão Salvando o Planeta

escrito e ilustrado por Janet Wilson

Editora Melhoramentos

Wilson, Janet
Nossa Terra: como os jovens estão salvando o planeta / escrito e ilustrado por Janet Wilson; [tradução Antonio Carlos Vilela] - São Paulo: Editora Melhoramentos, 2011.

Título original: Our Earth: how the kids are saving the planet
ISBN 978-85-06-06740-6

1. Educação ambiental - Literatura infantojuvenil. 2. Política e proteção ambiental.
I. Vilela, Antonio Carlos.

CDD-809.8

Índices para catálogo sistemático:

1. Literatura infantojuvenil	809.8
2. Educação ambiental - Literatura infantojuvenil	574.5
3. Preservação e política ambiental	574.5
4. Responsabilidade ambiental	574.5
5. Ecologia e meio ambiente	574.5
6. Biodiversidade	574.5

Obra conforme o Acordo Ortográfico da Língua Portuguesa

Título original em inglês: *Our Earth: How Kids are Saving the Planet*
Projeto Gráfico: Amarelinha design gráfico

Diagramação: Amarelinha design gráfico

1.ª edição, 7.ª impressão, dezembro de 2019
ISBN: 978-85-06-06740-6

Atendimento ao consumidor:
Caixa Postal 729 — CEP 01031-970
São Paulo — SP — Brasil
Tel.: (11) 3874-0880
www.editoramelhoramentos.com.br
sac@melhoramentos.com.br

Impresso no Brasil

Nossa Terra

Como os Jovens Estão Salvando o Planeta

escrito e ilustrado por Janet Wilson

MELHORAMENTOS

Dedicado ao meu neto Leon,
minha lembrança de por que precisamos cuidar
da Terra, e aos jovens ambientalistas.
Vocês são a geração que estávamos esperando.

Se muitas pessoinhas,
em muitos lugares
pequeninos, fizerem
muitas pequenas
coisas, poderão mudar
a face da Terra.

(Provérbio africano)

Os guerreiros do arco-íris

Haverá um tempo em que os animais e
as árvores gigantes começarão a desaparecer.
Pessoas lutarão umas com as outras e não mais se amarão.
O lindo arco-íris no céu vai desaparecer.
Então, crianças virão.
Crianças que amam os animais e que
vão trazê-los de volta.
Elas amarão árvores
e vão trazer de volta as árvores gigantes.
Essas crianças vão amar outras pessoas
E as ajudarão a viver
em paz umas com as outras.
Essas crianças vão amar o arco-íris,
e vão recolocar o lindo
arco-íris no céu.
Elas vão ser chamadas de
Guerreiros do Arco-Íris.

Você ama os animais?
Você ama as árvores?
Você ama as pessoas?
Você ama o arco-íris?
Bem, se amar, talvez seja um
guerreiro do arco-Íris.

Todas as coisas vivas compartilham um lar: a nossa Terra.

Criaturas que nadam, rastejam, andam ou voam — todas respiram o mesmo ar. Galhos, pétalas e brotos estendem-se na direção do mesmo sol. Quer nós dancemos em duas pernas ou galopemos em quatro, todos os filhos da Terra precisam de água para viver.

Hoje, a Terra começa a mostrar sinais de cansaço devido ao rápido crescimento do número de pessoas que vivem nela e à maneira como usamos os preciosos tesouros do nosso planeta. Muitas culturas aborígenes, em todo o mundo, contam histórias antigas, como a dos guerreiros do arco-íris, que preveem essas mudanças alarmantes na Terra. Essas culturas nos alertam de que precisamos mudar. Desde o tempo em que foi escolhido como Guardião do Cachimbo Sagrado da Paz, aos doze anos de idade, o Chefe Arvol Cavalo Alerta, da Nação Sioux Lakota, tem espalhado por todo o mundo a seguinte mensagem: "Nossa visão é que os povos de todos os continentes se unam como um; para restaurar a paz, a harmonia e o equilíbrio da Terra, nossa Mãe".

Por que essas histórias falam de crianças vindas de todos os cantos do globo para salvar a Terra? Acredito que seja porque os jovens possuem muitas qualidades importantes que são essenciais para cuidar da Terra. Eles se adaptam mais facilmente às mudanças e possuem corações e mentes flexíveis. Os jovens têm tempo, energia e entusiasmo. Os jovens também têm a vantagem numérica, já que constituem quase metade da população da Terra. Essa geração é mais instruída e interligada globalmente do que qualquer outra jamais foi. Essa é uma geração capaz de desenvolver opiniões com base em informações e de compreender as questões a respeito de seu futuro.

Talvez o poder mais importante que esses jovens compartilham seja seu amor pela natureza. Embora a juventude de hoje gaste mais tempo dentro de casa do que os jovens das gerações anteriores, existe um movimento crescente para sair e se reconectar com nossa preciosa Terra. Jovens que imaginam um mundo mais inteligente e mais saudável estão encontrando maneiras de se tornar parte da solução.

Eles são nossos guerreiros do arco-íris.

— Janet Wilson

Severn Cullis-Suzuki, 12, Canadá

"Sou apenas uma criança e não tenho todas as respostas, mas vocês também não!"

Severn é conhecida como "a garota que fez o mundo ficar em silêncio por cinco minutos".

Quando tinha nove anos, Severn passou o verão em uma aldeia de índios caiapós, na floresta amazônica. Seus amigos caiapós mostraram-lhe onde as tartarugas escondiam seus ovos na areia e como pegar enguias elétricas. Eles faziam longas caminhadas juntos, comiam mamão papaia no almoço e nadavam no rio em que havia piranhas. Voltando para casa, Severn se sentiu arrasada ao ver, pela janela do avião, grandes queimadas destruindo a floresta. Sua revolta motivou-a a arrecadar dinheiro num círculo de amigos para que pudesse participar de um importante congresso ambiental no Rio de Janeiro, onde fez um discurso para os líderes mundiais. Ela falou apaixonadamente e, entre outras coisas, disse: "Vocês não sabem como arrumar os buracos na nossa camada de ozônio. Vocês não sabem como fazer os salmões subir um riacho morto. Vocês não sabem como trazer de volta um animal extinto e não sabem como recuperar florestas que cresciam onde hoje há desertos. Se vocês não sabem como consertar, por favor, parem de quebrar!". Algumas pessoas na plateia choraram, outras ficaram de pé e aplaudiram. Muitas consideraram esse o melhor discurso do congresso.

Assista ao discurso de Severn em www.youtube.com.

Severn disse:

Os jovens têm um poder especial — o poder de incomodar. Seus pais amam vocês. Então, digam-lhes quais são seus medos e preocupações. Recrutem-nos como ecoguerreiros!

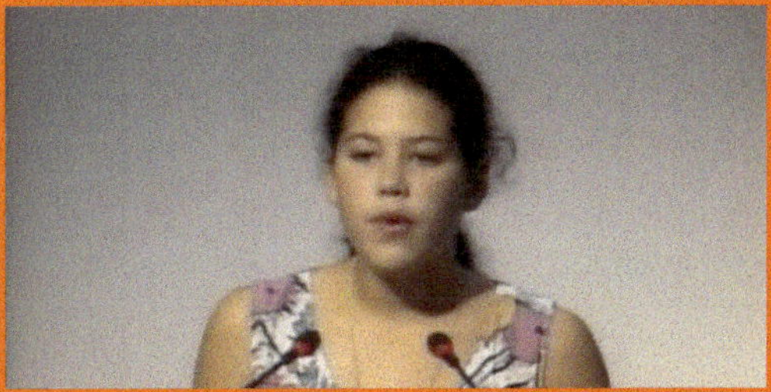

"Eu falo por todas as gerações que estão por vir... por todas as crianças famintas ao redor do mundo e pelos inúmeros animais que estão morrendo. Tenho medo de sair ao sol por causa dos buracos na camada de ozônio, ou de respirar, porque não sei que substâncias nocivas o ar contém; tenho medo, também, pelos animais e plantas que se tornam extintos todos os dias. Vocês tinham que se preocupar com essas coisas quando tinham a minha idade? Sou apenas uma criança, mas sei que se todo o dinheiro gasto em guerras fosse usado para acabar com a pobreza e para encontrar soluções ambientais, a Terra seria um lugar maravilhoso. Vocês nos ensinam a nos comportar, a não brigar uns com os outros, a encontrar soluções, a respeitar os outros, limpar o que sujamos, não fazer mal a outras criaturas, a compartilhar, não ser ganancioso. Então, por que vocês fazem as mesmas coisas que nos ensinam a não fazer? Vocês, adultos, dizem que nos amam. Eu os desafio: façam suas ações refletir suas palavras."

Cúpula da Terra, Brasil, 1992.

William Kamkwamba, 14, Malawi

"Meu sonho é ser engenheiro, para que eu possa tornar o mundo um lugar melhor, começando pela minha vila."

William no topo de seu moinho de vento na Vila de Masitala, Malawi.

Quando a pequena fazenda de sua família não conseguiu ganhar dinheiro suficiente para pagar as mensalidades escolares, William teve que abandonar a escola. Por sorte, ele ainda podia usar a biblioteca. Ele pegou emprestado um livro chamado *Usando Energia* e leu que um moinho podia gerar eletricidade. Uma bomba-d'água elétrica ajudaria na irrigação das lavouras e, assim, as pessoas da aldeia não passariam mais fome. Luz elétrica seria melhor que as velas de parafina, que faziam suas irmãs tossir. E fazia tempo que William desejava ouvir música e notícias em um rádio. Ele decidiu que um moinho era a solução.

William reuniu tudo o que pôde encontrar para criar o moinho — uma bicicleta quebrada, um ventilador, faróis de um trator velho, canos, fios, pregos enferrujados, um amortecedor de carro, restos de madeira e até mesmo sandálias de borracha.

Enquanto trabalhava, os moradores da vila vinham observá-lo. "Ele deve estar ficando maluco!", comentavam. Seis meses depois, todos se reuniram ao redor do moinho de cinco metros de altura. William acionou um interruptor. Pela primeira vez, luz elétrica brilhou na Vila de Masitala.

Leia mais sobre William em www.williamkamkwamba.typepad.com.

William disse:

Nós devemos sempre ajudar as pessoas, fornecendo-lhes meios com os quais possam melhorar a vida e conseguir comida, água limpa, remédios e educação para seus filhos, para que possam crescer com boas raízes.

O primeiro moinho de William gerava eletricidade suficiente para suprir duas lâmpadas, dois rádios e um carregador de telefone celular. William construiu mais dois moinhos de vento, sendo um para ativar uma bomba-d'água. Conforme as notícias sobre os moinhos se espalhavam, William era convidado para falar em congressos. Ele voltou a estudar e, com a renda proporcionada por seu livro, *O Garoto e o Vento*, construiu uma escola ambientalmente sustentável em sua vila. Agora outros jovens continuam o seu projeto na vila.

Kassabian, Nigeria

A energia se apresenta de muitas formas — calor, luz e movimento são apenas algumas. A eletricidade pode ser obtida por meio da conversão de vento pelas turbinas, combustão de óleo e gasolina e muitas outras maneiras.

Kruti Parekh, 13, Índia

"Olhe! A magia está ao seu redor — na natureza, nas plantas e flores e nos animais que compartilham o planeta conosco."

A pequena Kruti fazendo suas mágicas.

Kruti Parekh é uma jovem ilusionista, de fama mundial, que tem uma mensagem: salvar o planeta não é uma ilusão. "É minha missão de vida usar minha mágica para ajudar a curar a Terra de suas feridas trágicas causadas pela degradação ambiental", disse ela. Kruti começou a praticar o ilusionismo aos cinco anos de idade. Aos treze tornou-se a mais jovem ilusionista profissional da Índia. Ela acredita que as crianças necessitam de uma boa educação ambiental. Mas, como palestras podem ser entediantes, ela usa truques fantásticos para promover conscientização. Em um deles, Kruti se transforma em uma máquina de reciclar. Ela engole folhas de papel descartado para, depois, puxar da boca longas fitas de papel colorido. "Vejam, se descartarmos o papel da maneira certa, poderemos reutilizá-lo depois!"

Kruti faz helicópteros e elefantes desaparecer para encorajar as pessoas a acreditar que tudo é possível. Ela convenceu os organizadores de um grande festival, na Índia, de que os milhares de flores usadas na decoração deveriam ser transformados em adubo em vez de ser jogados no mar. Kruti viaja pelo mundo com suas apresentações de mágica ambiental e já ganhou muitos prêmios.

Informações sobre Kruti em www.magiciankruti.com/index.php.

Kruti disse:

Precisamos reduzir, reutilizar e reciclar nosso lixo, mas também devemos pensar no que realmente precisamos e recusar o que não for necessário. Limpar o meio ambiente não é trabalho para apenas uma pessoa. Precisamos, todos, nos dar as mãos para provocar mudanças.

Kruti apoia uma escola ecorresponsável em Mumbai que ajuda mil crianças moradoras de favelas a ter um futuro melhor. Ela também fundou o Eco-Kids Club, para que os jovens de mais de cem escolas possam participar da conservação do planeta.

Lixo plástico é um veneno no coração do ecossistema da Terra. Quase tudo o que compramos é embalado em plástico e descartado de maneira incorreta, jogado em aterros ou no oceano. Quando jogado no mar, vai parar nas praias ou se acumular nos giros — redemoinhos imensos e lentos —, o que cria ilhas flutuantes de plástico. O giro de lixo do Pacífico é, aproximadamente, do tamanho do Estado do Pará.

Felix Finkbeiner, 11, Alemanha

"As mensagens claras e simples das crianças
são mais poderosas do que as dos adultos."

Felix mostra mudas de árvores no projeto Plante pelo Planeta.

Felix Finkbeiner se pôs diante da sua classe do sexto ano para explicar o aquecimento global e seus efeitos no futuro de todas as crianças. "As emissões de carbono estão fazendo a temperatura da atmosfera aumentar. As árvores produzem oxigênio e reduzem as emissões de carbono que levam às mudanças climáticas. É por isso que eu apoio na Alemanha a Campanha Bilhão de Árvores." Felix mostrou uma foto da mulher africana que inspirou essa campanha patrocinada pelo Programa das Nações Unidas para o Meio Ambiente (PNUMA). "Se Wangari Maathai pode plantar 30 milhões de árvores, as crianças da Alemanha também conseguem." A classe aplaudiu. Sua professora sugeriu que eles plantassem a árvore na entrada da escola. Felix, então, a corrigiu: "Eu quis dizer 1 milhão de árvores!". Para conseguir patrocínio e motivar as pessoas, Felix fundou a organização Plante pelo Planeta. Ele começou a aparecer na mídia e, em dois anos, conseguiu alcançar sua meta. Felix acredita que falar sobre isso não é o bastante para fazer as geleiras parar de derreter. A nova campanha, Pare de Falar, Comece a Plantar, pretende que as crianças plantem 1 milhão de árvores em cada país do mundo.

Saiba mais em www.plant-for-the-planet.org.

Felix disse:

As crianças do mundo exigem justiça climática e uma distribuição justa de poder e recursos. Devemos assumir a responsabilidade pela poluição que produzimos. Quanto mais usamos, mais devemos repor. Cada árvore que plantamos é um símbolo da justiça climática. Quanto mais árvores plantamos, mais os adultos prestarão atenção em nós!

"Eu gostaria que os jovens soubessem que, apesar dos desafios que encaramos, há esperança. Tenho muita esperança nos jovens. A mente deles não precisa ficar presa a velhos pensamentos sobre o meio ambiente. Proteger o meio ambiente não é só um prazer, mas um dever." — Wangari Maathai, ganhadora do Prêmio Nobel da Paz pelo Movimento Green Belt (Cinturão Verde).

Os Jovens Embaixadores do Clima fazem demonstração em frente à sede do governo em Berlim, Alemanha. A Campanha Bilhões de Árvores das Nações Unidas conseguiu que, ao final de 2009, mais de 7,4 bilhões de árvores fossem plantadas pelos participantes em cento e setenta países.

Adeline Tiffanie Suwana, 12, Indonésia

"A natureza e seus elementos são tesouros preciosos para a juventude."

Adeline e seus amigos salvando tartarugas marinhas na Indonésia.

Em 26 de dezembro de 2004, as pessoas ficaram horrorizadas ao saber dos efeitos devastadores de um tsunami no Sudeste Asiático. Adeline Tiffanie Suwana ficou preocupada com o aumento de inundações, furacões e poluição que afetam a Indonésia e todas as ilhas oceânicas do mundo. Isso a motivou a aprender mais sobre os ecossistemas marinhos e outras questões ambientais. Ela aprendeu que as mudanças climáticas contribuem para os desastres naturais que afetarão cerca de 175 milhões de crianças por ano ao longo da próxima década. Para mostrar aos jovens como eles podem ajudar a Terra, Adeline fundou a *Sahabat Alam* (Amigos da Natureza). "É importante reforçar, desde cedo, a noção de amor ao meio ambiente e os cuidados para com ele, porque o futuro do mundo está em nossas mãos", explica Adeline. Mais de 1.700 membros estão criando coral em recifes danificados e criando mangues para prevenir danos decorrentes de furacões e tsunamis. Eles também ajudam na reprodução dos peixes, na proteção às tartarugas e como voluntários na limpeza de praias. Adeline apresenta suas ideias para escolas e coopera com agências do governo. Ela gravou uma música sobre conservação e está produzindo um programa de TV.

Confira em www.sahabat-alam.com.

Adeline disse:

A Terra está ficando velha e cansada de sustentar a todos nós. Se amarmos nossa Terra, ela irá nos amar. Mas, se nós não cuidarmos dela, vamos destruí-la. Comemore o Dia da Terra, em 22 de abril, e em todos os outros dias. Ajude a limpar o mundo. Fica mais divertido se você e seus amigos forem voluntários juntos.

Nathania Candra, 11, Indonésia

"Sempre tivemos inundações aqui em Bangladesh. Mas nos últimos anos a situação piorou. Parece que há algo de errado com a natureza. Tenho medo de que toda a minha vila vá desaparecer. Também tenho medo de morrer."
– Rebeka Aktar, 14, Bangladesh

Os oceanos cobrem 70% da superfície do planeta. Metade da população mundial mora perto do litoral. Essas pessoas sofrerão os efeitos da elevação do nível do mar causada pelo derretimento das geleiras. Onze por cento dos recifes de coral já foram destruídos e 16% estão muito danificados. Muitas espécies de animais marinhos estão próximas da extinção devido à poluição e ao excesso de pesca.

Ryan Hreljac, 7, Canadá

"Você pode mudar o mundo, mas só se realmente quiser
e se esforçar muito. Escolha um sonho e lute por ele."

Ryan, com 15 anos, conferindo um de seus poços em Uganda.

Quando Ryan Hreljac estava no primeiro ano, sua professora contou que algumas crianças de países pobres, como os da África, tinham que caminhar quilômetros para pegar água no poço mais próximo. Ryan contou o número de passos que ele dava para chegar à torneira mais próxima — apenas dez. Ele encheu um copo com água, limpa, e se lembrou de que muitas crianças adoecem e morrem por tomar água contaminada. Não pareceu justo, para Ryan, que algumas crianças tivessem água mais limpa que as outras. Ele quis fazer algo e decidiu que, mesmo que não conseguisse ajudar todas as crianças pobres da África, conseguiria dinheiro para comprar um poço. Nos meses seguintes ele juntou setenta dólares fazendo tarefas. Quando soube que com esse valor só compraria uma bomba, ele viu sua determinação se espalhar. O sonho de Ryan inspirou outras pessoas, que o ajudaram a arrecadar os 2 mil dólares necessários para construir seu primeiro poço em uma escola de Uganda. Desde então, a Fundação Poço de Ryan já conseguiu milhões de dólares e criou mais de quinhentos projetos de fornecimento de água e saneamento em dezesseis países.

Para aprender mais, visite www.ryanswell.ca.

Ryan disse:

Seja generoso. Tenha compaixão. Preocupe-se com os outros e divida com eles o que você tem. Envolva-se com sua comunidade e com o mundo.

Quase 80% das doenças, nos países em desenvolvimento, estão associadas à água contaminada. A cada ano, 1,5 milhão de crianças com menos de cinco anos morrem de doenças provocadas pela água. A demanda por água potável aumenta à medida que a população mundial cresce. Para que humanos e ecossistemas se desenvolvam, a água precisa ser limpa e disponível para todos. Atualmente, o mundo gasta, por ano, 15 bilhões de dólares em fornecimento de água e saneamento. Compare isso a estimados 100 bilhões gastos em água em garrafas de plástico. Um terço desse dinheiro asseguraria fontes de água limpa para mais 500 milhões de pessoas e evitaria que 36 bilhões de garrafas fossem descartados todos os anos.

Com este trabalho, Emelyanova Inna Wladimrovna, da Rússia, ganhou o concurso ambiental de arte da ONU.

Sam Levin, 15, EUA

"Nós seremos a geração que
reconciliará a humanidade com a Terra."

Sam, 15, na horta do Projeto Brotar.

Sam Levin se sentia mais feliz quando se sujava desenterrando batatas na fazenda do seu avô, jogando futebol com porquinhos, pegando sapos nos pântanos e colhendo plantas nos bosques. Quando tinha treze anos, Sam percebeu que muitos de seus lugares favoritos estavam desaparecendo. Isso lhe deu a ideia de iniciar o Projeto Brotar — uma horta orgânica, cultivada pelos alunos, estabelecendo conexões com a natureza e o alimento. Sam levou essa ideia para seu orientador e, junto com as alunas Sarah Steadman e Natalie Akers, elaborou um plano. Um ano depois, a horta fornecia frutas e vegetais frescos à cantina da escola e já tinha doado quatrocentos e cinquenta quilos de alimentos a famílias necessitadas. Além disso, servia de laboratório vivo para os alunos. No ano seguinte, a área do projeto foi triplicada, e começaram um pomar. Sam acredita que o sucesso do projeto deve-se à motivação, à energia e ao sentimento de esperança do grupo. "No momento, a juventude é a força mais poderosa de nosso país. Sarah, Natalie e eu não somos especiais. Aos poucos provamos para nós mesmos e para os outros que podemos ser dedicados, nos organizar e vencer os desafios que encontramos."

Saiba mais em www.edibleschoolyard.org.

Levin disse:

Preste mais atenção às origens do seu alimento e como ele é cultivado. Compre produtos social e ambientalmente sustentáveis, para garantir salários justos aos trabalhadores nas áreas mais pobres e também práticas saudáveis durante a produção dos alimentos. Procure comer alimentos "reais", que sejam da safra, que sejam produzidos na sua região e sem pesticidas. Se você come carne, diminua a quantidade.

Estudantes cultivando a horta da Escola de Ensino Médio Monument Mountain, em Great Barrington, EUA.

A criação de animais para abate gera mais gases de efeito estufa que todos os carros e caminhões do mundo. A indústria da carne é um dos grandes causadores dos problemas ambientais mais sérios que enfrentamos hoje, inclusive o desmatamento. Estudos mostram que produzir carne consome mais de oito vezes a quantidade de combustível fóssil necessária à produção de proteína vegetal. Vegetarianos não comem carne e acreditam que podem conseguir todos os nutrientes necessários consumindo apenas vegetais.

Janine Licare, 13, Costa Rica

"Devemos fazer de tudo para salvar as florestas tropicais.
Elas armazenam os tesouros da Terra."

Janine, 13, com um guaxinim anão reabilitado.

Janine Licare e sua amiga Aislin Livingstone tinham apenas nove anos quando decidiram ganhar dinheiro vendendo pedras pintadas a turistas no acostamento da rodovia. Mas, ao observar as árvores da floresta sendo cortadas e os pequenos macacos titi com dificuldade para atravessar a estrada movimentada, as amigas decidiram gastar o dinheiro em cordas e construir pontes sobre a rodovia para os macacos. Para conseguir mais ajuda, Janine e Aislin começaram a organização Crianças Salvando a Floresta. Elas abriram uma loja para vender seu artesanato e também o trabalho de artistas da região. Todo o lucro é destinado à construção de pontes para os macacos, à preservação da floresta tropical, à plantação de árvores, à reabilitação de bichos-preguiça, juparás e filhotes machucados. A organização está levantando dinheiro para construir um centro de orientação na floresta Manuel Antonio com a finalidade de instruir as pessoas sobre a natureza e a sua ligação com os seres humanos. As árvores estabilizam o clima mundial, purificam o ar que respiramos, fornecem abrigo à maioria dos animais e são uma fonte vital de remédios, alimento e materiais de construção. Elas protegem o solo contra inundações, secas e erosão; cortá-las leva à desertificação.

Para saber mais, visite www.kidssavingtherainforest.org.

Janine disse:

Aprenda, aprenda, aprenda! Aprenda quais produtos vêm da floresta tropical e pense bem se realmente precisa comprá-los. Apoie o ecoturismo e a conservação das florestas. Nós precisamos ser a geração que vai mudar o mundo!

Janeth Paucar, Challabaneba, Peru

"Nós não podemos comprar um pouco de floresta tropical?" – Roland Tiensuu, 12, Suécia.

O primeiro movimento encabeçado por crianças para salvar uma floresta tropical foi iniciado em 1988, quando alunos da Escola Fagervik souberam que as florestas eram destruídas pela ação de madeireiras e pecuaristas a uma razão de 400 km² por minuto. A Terra já perdeu, pelo menos, 80% de suas florestas nativas. Em média, a extração de madeira e a pecuária levam 137 espécies por dia à extinção. Os estudantes arrecadaram US$ 25 mil para fundar a Floresta Internacional das Crianças da Costa Rica. Desde então, ativistas em todo o mundo arrecadaram milhões de dólares para preservar as florestas tropicais.

Fang Minghe, 17, China

"A cor dos olhos varia entre as pessoas... Espero que, um dia, todas tenham olhos verdes, que as ajudem a ver um mundo mais verde."

Minghe encontra Jane Goodall, pioneira em comportamento animal.

Fang Minghe coloca seu boné do clube Olhos Verdes, pega sua câmera de vídeo e corre para encontrar seus amigos em uma feira livre. Eles andam no meio da multidão, entre barracas e engradados com animais. Minghe quer libertá-los, mas hoje eles procuram espécies de rãs, cobras, corujas e águias ameaçadas de extinção. Quando localizam animais silvestres ilegalmente à venda para restaurantes, lojas de animais ou medicina tradicional chinesa, Minghe secretamente registra a prova em vídeo. Caso os vendedores o vejam, com frequência ficam bravos, negam que os animais lhes pertencem ou fogem. Mas, com o vídeo, Minghe tem a prova de que a polícia precisa para suas investigações.

O amor e a compaixão que Minghe sente por todas as formas de vida começaram quando ele era criança e morava no campo. Seus amigos mais próximos eram animais. Assim, quando viu pela primeira vez fotos de animais torturados e mortos por caçadores, recrutou doze amigos humanos para formar o Clube Olhos Verdes, cuja missão é proteger os animais e o meio ambiente. Hoje, mais de 5 mil membros em toda a China denunciam poluidores, ajudam nas limpezas, administram santuários de animais e centros de resgate e fazem palestras em escolas.

Para mais informações, visite www.greeneyeschina.org.

Minghe disse:

Comprometa-se com a ação, pois o destino da Terra não está nas mãos dos governos, mas nas nossas. O maior perigo para a Terra é as pessoas ficarem paradas e não fazerem nada.

Filhote de chimpanzé comendo folhas — Floresta Gombe, Tanzânia.

Minghe foi inspirado por Jane Goodall, pioneira em comportamento animal, que passou a vida estudando chimpanzés na África. Sua fundação Raízes e Brotos dedica-se ao bem-estar de todos os seres vivos. Ela explica: "Raízes espalham-se pelo subsolo, formando alicerces firmes. Brotos parecem muito frágeis, mas, para alcançar a luz, conseguem atravessar paredes de tijolos. Imagine que as paredes de tijolos são os problemas que infligimos ao planeta. Centenas de milhares de raízes e brotos, centenas de milhares de jovens em todo o mundo, podem atravessar essas paredes. Nós PODEMOS mudar o mundo".

Aika Tsubota, 12, Japão

"Nós seremos aqueles que protegerão a Terra e resolverão os problemas de guerras, fome e desastres."

Aika, trabalhando em sua casa, na cidade de Hirata.

Aika Tsubota sempre se sentiu em comunhão com o Universo, com a Terra e toda forma de vida. Ela tem o dom de expressar seu amor pela natureza por meio de palavras e arte. Assim, decidiu fazer uma história em quadrinhos sobre o meio ambiente para um trabalho do sexto ano. Preocupada com os problemas que a Terra enfrenta, Aika queria explicar essas questões de modo que as crianças menores conseguissem entender. Ela sonhava publicar esses quadrinhos. Durante dois meses Aika pesquisou, escreveu e desenhou o roteiro. Às vezes, trabalhava até tarde da noite. Em 25 de dezembro de 1991, Aika entregou à professora seu *Segredos da Terra.* Horas depois, ela começou a sentir fortes dores de cabeça e desmaiou. Aika morreu dois dias depois. Em seu funeral, seus pais distribuíram cópias da história aos colegas de classe de Aika. Mais pessoas queriam ler essa história, e o sonho de Aika se realizou — *Segredos da Terra* foi publicado.

Quando tinha dez anos, Aika escreveu: "Eu gostaria de me tornar uma Terra que fosse poderosa e gentil para embalar e fomentar todos os tipos de vida". Talvez Aika esteja tomando conta do futuro da Terra.

Para ler *Os Segredos da Terra* em inglês, visite www.scribd.com/doc/17543062/Secrets-of-the-Earth.

Aika disse:

O mais importante é que cada pessoa pare de pensar que não conseguirá fazer nada só porque é apenas uma pessoa. Se todo mundo pensasse assim, a Terra estaria realmente condenada! Se todo mundo ajudar, tenho certeza de que poderemos transformar este planeta em um lugar lindo.

Ontem é o que os adultos fizeram.
Amanhã é o que as crianças farão.
Jogar latas fora é o passado.
Recolhê-las é o futuro.
Jogar latas fora é fácil.
Recolhê-las é difícil.
— Aika Tsubota

Aika Tsubota, 12, Japão

Em *Segredos da Terra,* o planeta Terra ensina a um garoto e a uma menina sua história, suas maravilhas naturais, seus recursos e os problemas de mudanças climáticas, poluição, espécies ameaçadas e aquecimento global. No final, os personagens estão "entusiasmados para proteger a Terra!".

Sofia Sales, 12, Brasil

"Não podemos perder nosso planeta por causa de maus hábitos de alguns adultos."

Sofia na frente do agora protegido Lago Órion.

Moradora da região de Aldeia da Serra, Sofia Sales tem o hábito de passear diariamente pelo Lago Órion, de bicicleta ou com seu cãozinho. Porém seus passeios estavam com os dias contados. Preocupada com a possibilidade da construção de um condomínio de luxo em uma área de preservação permanente e de manancial, o que impediria qualquer acesso ao lago, Sofia inovou na maneira de mobilização. Ela deu voz aos animais moradores da região e aos usuários do parque ao criar um "abaixo-assinado de patinhas", demonstrando que a depredação desse santuário ecológico afetaria a todos. Sofia postou vídeos em seu blog explicando essa situação, junto com um modelo do abaixo-assinado para que os donos dos animais o imprimissem, "assinassem" e enviassem a ela. As crianças da região se comprometeram a recolher as "assinaturas" dos animais e declararam que muitos deles já aderiram ao projeto.

A atitude inovadora da garota de Aldeia da Serra para salvar o Lago Órion com o auxílio dos animais e crianças da região ganhou muitos adeptos.

Saiba mais sobre a Sofia em www.sousofia.com.br.

Sofia disse:

Decidi fazer um abaixo-assinado de patinhas de cachorros, gatos, coelhos e outros animais que moram em Aldeia da Serra para mostrar o grau de sofrimento com a perda do lago.

A notícia do "abaixo-assinado de patinhas" passou a ser divulgada em vários sites junto com o modelo a ser impresso, que traz os seguintes dizeres: "Nós, cachorrinhos, gatos e animaizinhos de Aldeia da Serra, apoiamos a preservação ambiental do Lago Órion e da mata ao seu redor. Pedimos a manutenção do nosso direito de passear com nossas famílias de humanos, porque esse é um dos valores de Aldeia da Serra". Sofia encaminhou seu abaixo-assinado à Prefeitura de Aldeia da Serra, que proibiu então a construção de condomínios de luxo em torno do Lago Órion. Com isso, adultos, crianças e até animais o salvaram do avassalador crescimento urbano.

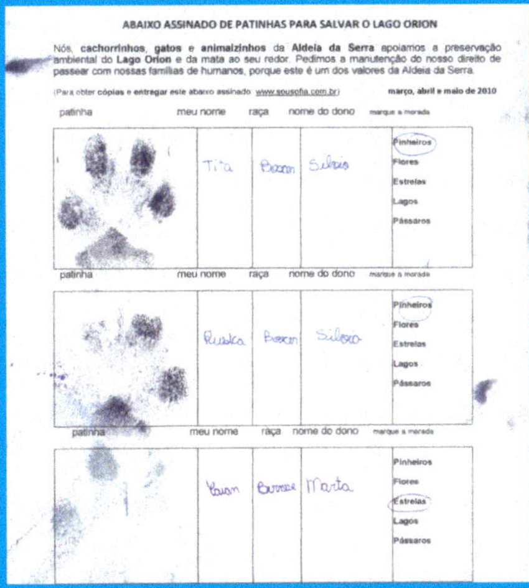

ABAIXO ASSINADO DE PATINHAS PARA SALVAR O LAGO ORION

Nós, **cachorrinhos**, **gatos** e **animaizinhos** da **Aldeia da Serra** apoiamos a preservação ambiental do **Lago Orion** e da mata ao seu redor. Pedimos a manutenção do nosso direito de passear com nossas famílias de humanos, porque este é um dos valores da Aldeia da Serra.

(Para obter **cópias** e **entregar** este abaixo assinado: www.sousofia.com.br) **março, abril e maio de 2010**

patinha	meu nome	raça	nome do dono	marque a morada
				Pinheiros Flores Estrelas Lagos Pássaros
				Pinheiros Flores Estrelas Lagos Pássaros
				Pinheiros Flores Estrelas Lagos Pássaros

Imagem do abaixo-assinado.

Richard Santos Oliveira, 12, Brasil

"Quero ampliar a conscientização sobre o problema do desperdício de água. Isso deve ser lei."

Richard defendendo seu projeto na Câmara Mirim.

O projeto da professora de fazer uma proposta de lei contra o desperdício de água deixou seus alunos empolgados. Um deles foi Richard Santos Oliveira, de catorze anos, que tinha um sonho: tornar obrigatório o reaproveitamento de água em todas as construções de edifícios públicos brasileiros.

A proposta de Richard foi tão boa e inovadora que foi indicada para a Câmara Mirim, uma iniciativa da Câmara Federal que dá oportunidade a crianças e adolescentes de propor melhorias para o país. Então Richard foi até Brasília para defender sua proposta e conscientizar os governantes sobre o problema do desperdício de água.

Seu projeto de lei, votado como um dos melhores de 2009, foi ampliado por um deputado federal — para poder utilizar outras fontes renováveis de energia na iluminação de ambientes e no aquecimento de água — e hoje se encontra em votação oficial na Comissão de Minas e Energia da Câmara Federal.

Saiba mais sobre a Câmara Mirim em www.plenarinho.gov.br/camaramirim.

Richard disse:

Primeiro, penso em me candidatar a deputado, aprovar novas leis e, quem sabe, futuramente, ser presidente e mudar a imagem do nosso Brasil.

Richard pode se orgulhar de ter sua ideia levada adiante. O estudante diz ainda que o programa "abriu mais janelas para a sua visão" e pensa também em seguir carreira política, já que agora tem um conceito positivo sobre o trabalho dos deputados e pôde perceber que trabalhar como político pelo bem público é bem gratificante, não sendo apenas corrupção, que a mídia divulga diariamente.

A iniciativa de Richard e de sua professora é um exemplo de que a participação de todas as pessoas, com ações simples e de muito valor, pode fazer a diferença na salvação não só do Brasil, mas de todo o planeta Terra.

Jovens em ação!

Jovens descolados

"Os adultos dizem: 'É ótimo que as crianças participem. Elas são o futuro'. Nós somos mais que o futuro. Somos o presente e podemos mudar o mundo agora. Não temos que esperar até crescermos. Vamos trabalhar juntos agora para mudar o mundo."

Alec Loorz, EUA, tinha doze anos quando fundou Crianças Contra o Aquecimento Global para transmitir esclarecimentos sobre esse tema e motivar jovens a entrar em ação. Para mostrar que o aquecimento global está fazendo as geleiras derreter, os garotos instalaram marcos ao longo do litoral da Califórnia e neles desenharam linhas para mostrar às pessoas quanto o oceano vai subir se nada for feito para frear o atual ritmo do aquecimento.

Alec Loorz, 14, com seu primeiro marco de consciência do nível do mar. Calçadão da Praia de Ventura, Califórnia.

Quando eu tinha quinze anos, vi o espírito do urso branco à frente da floresta verde-escura. Aquilo foi impressionante e me fez perceber por que é tão importante preservar a vida selvagem.

Simon Jackson, Canadá, fundou a Coalizão Jovem Urso Espírito a fim de chamar a atenção para o raro e ameaçado urso branco. Sua campanha começou com alguns estudantes escrevendo cartas, mas tornou-se a maior organização ambiental — administrada por jovens — do mundo, atuante em setenta e quatro países. Alguns dos maiores animadores de Hollywood estão fazendo um filme, *O Urso Espírito*, para arrecadar dinheiro.
www.spiritbearyouth.org

"Se o ar está com aspecto e cheiro ruins, ele provavelmente está ruim — até um garoto de seis anos sabe disso." **Illai Kenney**, doze anos, EUA, ajudou a fundar a organização Jovens da Geórgia contra a Poluição para protestar contra treze usinas a carvão que lançavam no ar poluentes causadores de asma nos bairros pobres de Atlanta. Illai foi o representante mais novo convidado às Nações Unidas, onde falou sobre a conexão entre pobreza e meio ambiente.

Haruka Maruno, doze anos, amava seu cachorro Patrick, mas achava que recolher as fezes do animal com uma sacola de plástico era nojento — e ruim para o meio ambiente. As fezes se decompõem naturalmente, mas o plástico, não. Por haver milhões de cachorros no Japão, Haruka ficou preocupado com todas aquelas sacolas indo parar em aterros e inventou a "Pá de Papel Haruka", aproveitando uma caixa biodegradável de leite.

"Ter câncer foi uma experiência terrível, mas essa luta me ensinou a aceitar minhas responsabilidades como membro de uma comunidade. Podemos promover mudanças e fazer algo para ajudar as crianças." Depois de saber que seu câncer pode ter sido causado por exposição a grandes quantidades de pesticidas usados para manter os campos de golfe verdes, o canadense Jean-Dominic Lévesque-René, dez anos, convenceu o governo local a forçar os clubes de golfe a reduzir o uso de pesticidas. Ele levou seu movimento por toda a América do Norte, ganhando apoio tanto para sua causa quanto para sua luta contra o câncer.

Pester Power!

Quando alguns jovens souberam que milhões de golfinhos estavam morrendo em redes de pescar atum, começaram a conversar com seus pais. **Ashley Biden**, oito anos, convenceu o seu, Joe Biden — então senador e depois vice-presidente dos EUA —, a propor uma lei obrigando que os rótulos de atum em lata informassem se golfinhos tinham morrido na pesca. Uma empresa de atum alterou suas redes de pesca depois que os filhos de seu presidente pediram-lhe que parasse a matança de golfinhos. Se você quer ser um guerreiro cibernético pacífico, visite www.idw.org para salvar golfinhos.

"Todas as crianças querem que as florestas tropicais estejam lá quando crescerem. Por favor, façam alguma coisa — agora!" Quando **Omar Castillo Gallegos** tinha oito anos, ouviu falar do desmatamento na última floresta tropical do estado mexicano de Chiapas. Ele caminhou 1.300 quilômetros em trinta e nove dias, desde sua casa, na Cidade do México, para falar com o governador. Omar ouviu que deveria voltar para casa e falar com o presidente. Ele armou uma barraca perto do palácio e gritou: "Eu quero falar com o presidente para que ele salve a floresta!". Outras pessoas se juntaram a Omar, atraindo a atenção da mídia. Finalmente, o presidente o recebeu e prometeu salvar a floresta. Embora a promessa tenha sido quebrada, as ações de Omar tiveram sucesso, conscientizando as pessoas sobre o desmatamento florestal.

Omar com a bandeira Proteja a Floresta.

Criação jovem!

"Eu fui inspirado a criar porque todos nós compartilhamos os recursos finitos da Terra e nos deleitamos com sua beleza. Não podemos ficar parados enquanto nossos irmãos e irmãs morrem devido a tempestades e enchentes anormais. Não podemos deixar um mundo em ruínas e à morte para nossos filhos, que vão sentir os maiores efeitos das mudanças climáticas quando nós já não estivermos aqui. Nós só temos uma Terra."
— Slater Jewell-Kemker, 15, Canadá/EUA, é uma cineasta premiada de curtas-metragens. Seu trabalho inclui Uma Juventude Inconveniente e Não Jogue Tudo Fora.

Paula Chacin, Venezuela, criou uma galeria de fotos de locais poluídos da sua cidade para despertar a consciência sobre os danos ambientais em andamento.

A poluição das águas nas quais as crianças nadam é uma das principais causas de doenças.

O rap do planeta

"Apague as luzes, poupe energia/ Para o planeta é só alegria/ Vai trabalhar sozinho num carrão?/ Devia pois era andar de busão/ Transporte público/ Não queira ser único/ Não fique aí parado/ Pegue sua bike, corra, ande, vai ficar sarado!" — **Derrick Lee** (D-Pain) e **Michael Darnel** (Phat Mike), ambos com dezesseis anos, Canadá, apresentaram o rap "Zoando o planeta" no Congresso de Tunza sobre o Meio Ambiente, na Coreia do Sul, em 2009, para mais de duzentos jovens de cem países.

A arte anda de ônibus

Kevin Huo, dez anos, EUA, foi o vencedor do grande prêmio de um concurso artístico do transporte público da Califórnia. Um ônibus foi envelopado com seu trabalho para inspirar as pessoas a usar transporte público e ajudar o planeta. "Um ônibus pode tirar quarenta e cinco carros das ruas", disse ele.

Eleanor Sutcliffe tinha onze anos quando pediu ajuda a seus amigos para remover o lixo que sujava as praias do País de Gales. Eles transformaram o lixo em beleza, fazendo esculturas públicas. Ela criou a agência Salvem Nossos Mares. Uma vez por semana eles limpam praias e anotam todos os tipos de lixo encontrado, enviando um relatório para o banco de dados da sociedade de conservação marítima. Eleanor disse: "Os outros riam de mim na escola, mas, depois que comecei a agência, fiz muitos amigos novos".

Eleanor Sutcliffe, Reino Unido, Conservacionista Marítima Jovem, com esculturas de lixo encontrado nas praias.

Está me assombrando/ Uma multidão de eles e elas/ Não sou heroína/ Nem mesmo grande artista/ Sempre que eu olho/ Câmeras brilham nos meus olhos/ Eles ficariam surpresos se soubessem/ Que sou apenas uma garotinha com medo que o mundo morra.

— **Bambou Chieppas**, onze anos, Indonésia. Ela leu seu poema no Congresso Internacional sobre Mudanças Climáticas da ONU, quando cento e oitenta países se reuniram em Bali, Indonésia, em 2007. A Unicef chamou-o de início de um movimento global da juventude pelo meio ambiente.

"Hábitos formados hoje ajudarão a vida amanhã" é o lema da australiana **Parrys Raines**, Embaixadora Jovem do WWF (Fundo Mundial para a Natureza). Como Garota do Clima, Parrys, de catorze anos, escreve blogs para levar aos jovens informações sobre as coisas positivas que podem fazer para ajudar localmente, criando esperança em vez de pânico. www.climategirl.com.au

Ludmila Balovneva, nove anos, Rússia, ganhou a Competição Global de Arte do UNEP 2009 entre mais de 2 milhões de inscritos. "Onde eu moro tudo está poluído. Existe lixo e vidro quebrado por toda parte. E as árvores são cortadas. Eu queria mostrar dois modos de desenvolver o mundo. O modo limpo e o modo sujo. É sobre o futuro."

Como você pode ajudar

Assuma o Compromisso de Tunza!

Como cidadãos jovens e conscientes deste planeta, nós nos comprometemos a restaurar e conservar o mundo e também a reconstruir nossos sonhos sobre o amanhã — águas puras, grandes áreas preservadas, ar puro e cidades livres da miséria.

Tunza é uma palavra africana que significa tratar com cuidado ou carinho. A Estratégia TUNZA para a Juventude foi criada pelo Programa das Nações Unidas para o Meio Ambiente (UNEP) para fomentar uma geração de cidadãos com consciência verde. Para mais informações visite http://www.unep.org/tunza/

Jovens participantes da Conferência de Tunza, na Coreia,

Comece um movimento ou participe de algum

Embora as alterações climáticas sejam um grande problema e um grande desafio, também são uma oportunidade para nossa geração mudar o mundo através de ações. Precisamos pensar grande e contribuir com ações e ideias que possam mudar o sistema.

— **Annie Collins**, doze anos, Canadá, começou o Movimento pela Sustentabilidade em sua escola em Nakusp. Eles instalaram um bicicletário, servem e vendem produtos sustentáveis, fazem apresentações educativas e cultivam uma horta.

Pratique o poder de incomodar

Escreva cartas para seus líderes ou fale com eles. **Yugratna Srivastava**, treze anos, Índia, falou com mais de cem líderes mundiais, incluindo o presidente americano, Barack Obama, e o secretário-geral da ONU, Ban Ki-Moon, em um congresso sobre mudanças climáticas em 2009. Veja o que ela disse: "Por favor, escutem a nossa voz. O futuro precisa de visão e liderança forte! O que aconteceu no passado acabou. Vamos agir no presente para garantir nosso futuro. Três bilhões de jovens precisam de líderes para agir agora! Recebemos um planeta limpo e saudável de nossos ancestrais e estamos transmitindo um planeta doente para nossos sucessores. Que tipo de justiça é essa? Gandhi disse: 'A Terra tem o bastante para atender às necessidades de todos, mas não sua ganância'. Um pássaro sabe voar, um peixe sabe nadar e um leopardo sabe correr, mas os humanos têm uma mente capaz de pensar, mudar e reformar. Então, vamos todos usar essas habilidades para salvar nossa Mãe Terra".

Salve o planeta

Desconecte-se!

Você sofre de Desordem do Déficit de Natureza? Os jovens de hoje passam ao ar livre metade do tempo que os jovens de vinte anos atrás passavam. A juventude norte-americana gasta uma média de seis horas por dia com equipamentos eletrônicos. Isso aumenta a possibilidade de desordem do déficit de atenção, obesidade, estresse, desajuste de habilidades sociais, asma e mau desempenho na escola.

Cory Wilson

Aumente a consciência

Quando **Cameron Oliver,** doze anos, dos Emirados Árabes Unidos, soube que camelos estavam morrendo por ingerir lixo plástico, ele começou a aumentar a consciência da mídia fazendo apresentações e criando camisetas, adesivos e um website. "Quero que meus filhos vejam camelos vivos, e não apenas leiam sobre eles nos livros", disse Cameron.
www.cameronscamelcampaign.com

Avalie a sustentabilidade da sua escola

Escolas geram grandes impactos ecológicos. O Programa de Escolas Verdes encoraja estudantes a conduzir uma inspeção em suas escolas para classificar e reduzir seu impacto, criando ambientes mais saudáveis. Para aprender como inspecionar sua escola, visite
http://www.greenschools.net/form.php?modin=53

Cada criança gera, em média, trinta quilos de lixo por ano com embalagens descartáveis de lanches. Assim, embale comidas, bebidas e frutas em recipientes reutilizáveis e biodegradáveis, use guardanapo de pano e talheres reutilizáveis. E não compre lanches com muita embalagem.

Jin Ho Huh, treze anos, da Coreia do Sul, faz sacolas para encorajar as pessoas a substituir os sacos plásticos. Estima-se que o consumo global de sacolas plásticas esteja entre 500 bilhões e 1 trilhão por ano, o que significa quase 1 milhão de sacolas plásticas usadas por minuto.

Alex Lin, catorze anos, dos EUA, instalou o primeiro receptáculo para lixo eletrônico em sua cidade — Westerly, Rhode Island, e lutou pela aprovação de leis proibindo o descarte simples de lixo eletrônico.

Agradecimentos

Agradeço a todos os jovens ativistas que me permitiram contar suas histórias. Obrigada também, de coração, a todos os seus amigos e familiares que gentilmente forneceram informações e fotografias. Obrigada, ainda, ao pessoal do UNEP e das outras agências que me ajudaram. Aos meus muitos e caros amigos, peço desculpas por o espaço não me permitir citar todos pelo nome. Meus modelos foram Cavalo Atento, Dane Kirkpatrick e Rowen Pilon. Obrigada, também, à equipe Second Story.

Estou extremamente grata à George Woodcock Writers' Trust e à subvenção da Ontario Arts Council Writers Reserve pelo apoio financeiro que me possibilitou criar *Nossa Terra*.

Chris Wilson, meu herói discreto e parceiro de trabalho e vida, forneceu valiosa ajuda como investigador, especialista em computadores, cozinheiro, editor, pesquisador e muito mais.

Créditos:

"Os guerreiros do arco-íris" foi adaptado de uma versão de um tradicional conto oral aborígene, atribuído à narração de Lelanie Stone.
Severn: foto à esquerda: Arlent Redekop/*The Province*. Foto à direita: cortesia de The Environmental Children's Organization
William: foto (c) Tom O'Reilly. Desenho cortesia da Paint for the Planet, uma mostra de arte jovem do UNEP International Children's Painting Competition, UNite to Combat Climate Change. Mostrando os medos e as esperanças das crianças com relação ao planeta, as pinturas são um apelo poderoso às lideranças sobre as mudanças climáticas.
Kruti: foto à esquerda é cortesia de Kruti Parekh. Foto à direita (c) Anna Cummins.
Felix: fotos são cortesia de Michael Setzpfandt, Plant for the Planet
The Green Belt Movement foi um programa destinado ao plantio de árvores para combater o desmatamento, erosão do solo e falta de água.
Adeline: foto é cortesia de Sahabat Alam. A ilustração é cortesia da International Children's Art Foundation www.icaf.org
Ryan: foto é cortesia da Ryan's Well Foundation. A ilustração foi vencedora do Paint for the Planet, cortesia do UNEP. Estatísticas sobre a água: Relatório das Nações Unidas de 2006 e Relatório 3 da United Nations World Water Development, apresentado no 5.º Fórum Mundial da Água em Istambul (Turquia) entre 16 e 22 de março de 2009.
Sam: todas as fotos são cortesia de Sam Levin, Project Sprout.
Janine: foto é cortesia de Jennifer Rice. Ilustração: vencedores da categoria 1.º a 3.º ano do concurso de desenho e pintura jovem "Protegendo e valorizando nosso ambiente natural e cultural" pela Amazon Conservation Association, com permissão de www.amazonconservation.org
Minghe: foto à esquerda é cortesia de Xiu Min Li e Green Eyes China. A foto à direita tem permissão de Rob Sassor, JGI.
Aika: foto é cortesia de Youko Tsubota. Desenho de *Segredos da Terra*.
Sofia: as fotos e a imagem do abaixo-assinado são cortesia da Sofia. O texto é de Naná Pinheiro.
Richard: as fotos são cortesia de Andréia Aparecida dos Santos Oliveira, sua mãe. O brasão à direita é um símbolo nacional brasileiro. O texto é de Naná Pinheiro.
Jovens em Ação!: foto à esquerda é cortesia de Virginia Loorz. Foto ao centro é cortesia de D. Simon Jackson. Ilustração é cortesia de International Dolphin Watch. A foto à direita é cortesia de Volcano Press (www.volcanopress.com). O logo Pester Power (Poder de Incomodar) é cortesia do Dr. Horace Dobbs.
Criação Jovem!: foto à esquerda é cortesia da FEZU. Foto ao centro é cortesia de Kevin Huo e da campanha Go Green Transit do San Mateo County Transit District. Ilustração: cortesia do UNEP. Foto à direita cortesia de Eleanor Sutcliffe.
Como você pode ajudar: foto cortesia do UNEP. Logo cortesia de Cameron Oliver. A ilustração do Desconecte-se! é de Cory Wilson.
Estatísticas sobre o lanche das escolas estão em pesquisa publicada pela Children and Nature Organization. A expressão "Desordem do Déficit de Natureza" é de *Last Child in the Woods*, de Richard Louv.